EN MUISTA LÄHTENEENI

FSC
www.fsc.org
MIX
Paperi vastuul -
lisista lähteistä
Paper from
responsible sources
FSC® C105338

Riitta Komppa

EN MUISTA LÄHTENEENI

Runoja

Tämä on toinen runokirjani. Ensimmäinen
MISTÄ MINÄ TIETÄISIN ilmestyi vuonna 2020

Kustantaja: BoD – Books on Demand, Helsinki, Suomi
Valmistaja: BoD – Books on Demand, Norderstedt, Saksa
ISBN: 978-952-80-4952-4

Sisällys

OLEN JÄRJESTÄNYT PAPERINI

niin pitkä matka
muistan toisin kuin veljeni ja
kun kerron lapsenlapselle
syntyy uusi tarina

SANKARITAR

Olen järjestänyt paperini
            kirjoittanut päälle nimet
Olen repinyt naarmuiset naamiot
pyyhkinyt pois tahmeat seitit
            ja vanhojen kyynelten jäljet

            vain heinäsirkkojen siritys korvissa
            vain valvottujen öiden panta päässä

On pitkä aika siitä aamusta
            kun juoksin laiturille
                        ongin sinttejä naapurin kissalle
            kiipesin pihakoivuun   istuin oksien katveessa
                        olin lempikirjani sankaritar

KISSANKÄPÄLIÄ

varpaiden alla kuiva mäki
sormenpäissä kissankäpälän tassukaaret
        sinikellon keveys, huopakeltanon samettinukka
matalat korret pistelevät ohuen kesäpuseron läpi
aurinko silmäluomilla ja tuolla korkealla lipuvat pilvet

***

katsokaa kuuta   kuulkaa laineiden raukea liplatus
        lepakko viuhahtaa rannan lepissä
        kaukana kaislikossa tööttää härkälintu
älkää käännelkö rannan kiviä
        kivennuoliaiset nukkuvat

PYÖRÄILIJÄ

hiekka ratisee renkaissa
hyttysenpurema kutittaa nilkkaa
tuuli pyyhkii hiukset silmille

auringon paahde ympäröi

PÖLYN TAKANA

Peltikatto hohkaa lämpöä, pöly tanssii ikkunoista tulevassa
valossa. Istun kuluneella lampaantaljalla ullakon perimmässä
nurkassa, luen vinon ikkunan luona edesmenneen tätini
kellastuneita kirjoja, Monte-Criston kreivistä puuttuu osa.

muistan vieläkin pölyn, vanhojen
tavaroiden, lampaantaljan tuoksun

Laikukkaista pahvilaatikoista löytyy onnittelu- ja joulukortteja,
kirjeitä, ihailen ameriikansukulaisten lähettämiä, leikkaan pois
postimerkit, sota-ajan kirjeet on hävitetty tai piilotettu
paremmin.
Nuorena isoäiti oli kirjoitellut sulhaselleen Amerikkaan, hänen
piti muuttaa perässä, muttei perhesyistä päässytkään.

jos olisi päässyt,
minä olisin joku muu tai en kukaan

Kesällä isoäitini huoneessa tuoksuvat keltamatarat, joita poimin
vanhan maakellarin ympäriltä.
Isoäiti kiertää palmikon nutturaksi, kiinnittää hiusneuloilla
(ruskeankirjavilla kaksihaaraisilla) ja minä katselen ihaillen
käsien liikkeitä. Keinutuoli heilahtaa, isoäiti palaa nuoruuteen,
kellot lyövät samaa aikaa.

minne katosivat ne tarinat, joita ei kerrottu

pitäisikö hävittää nuoruuteni päiväkirjat
kirjoittiko ne joku toinen
vieras minulle, muille tuntematon

niin kuin luistimien vuori mureni keltaiseksi pölyksi
kun vuosien jälkeen vedin niitä jalkaan

PIIKKILANKA

mekon helmat liehuivat säärten ympärillä
juoksimmeko karkuun aikuisia   vaiko kilpaa
        piikkilanka väijyi heinikon kätkössä
        juoksu katkesi itkuun   piikit repivät säärtä
        leikki jäi kesken

kipu hellittää aikanaan
        haava paranee   arpi jää
        ja   kesäpäivän riemu

TALVIVALOA

kuu valaisee pientä luistinrataa
        jonka lapioimme päivällä järven jäälle
jään pinta on sileää, lumipenkat reunoilla

liu'umme hokkareilla naapurin poikien kanssa
ensin muutama potku yhteen suuntaan
        sitten käännös ja takaisin

kun kuu menee pilveen
on vain aukean lumikentän hohde ja tähtien etäiset tuikut
hämy on jännän pelottavaa kuin Laura Sointeen saduissa

kotiin mennään vasta, kun varpaissa ei enää ole tuntoa
juodaan kuumaa kaakaota
        kuunnellaan radiota tai luetaan vielä hetki

NOUSEN RAPPUJA

natisevien rappujen päässä
                pimeys herättää tähdet
pakkasen kovettama pyykki kahisee ullakolla

yöllä hiirien rapina   kellojen lyönnit

        lauantaina rosollin tuoksu ja toivotut levyt

KATSELEN IKKUNASTA

en koskaan unohda
        hiljaisuuden ääntä
        kuin kuulisi sydämen rytmin
kun utuisuus
        käärii pellot
        ja hämäräverkko tihenee

enkä voi
        sytyttää lamppua
        rikkoa eheyttä
                jossa
                olen juuri minä

ISTUN LAITURILLA

en muista lähteneeni
en muista palanneeni
elän nykyhetkeä
elän mennyttä

päiväni on pitkä
mutta päivien summa kutistuu

YHÄ KESKEN

Istun laiturilla
tuuli toistaa haaveet, pelot
aallot kietovat aran surun
                vesi on viileää sormenpäissä
                kirja avoin, sivut valkeat

                ***

Päivä on ollut pitkä
                kallion pinta vielä lämmin
tuuli kieputtaa kuivia lehtiä
                lepattaa kirjan sivuja
                        montako repisi pois   toivoisi toisin

                viimeinen luku yhä kesken

KELTAISIA KURJENMIEKKOJA

tyyni järvi
		kuin iso vati		vesi ei läiky

juoksen vesirajassa		kohti isoja kiviä
		valitsen hyvät hyppykivet
			litteitä tai sopivasti kuperia
				lämpimiä jalkapohjaan
		olen hyvä hyppimään

ranta on matala
		kivien välissä nuottaruohoa, rantakukkia
		sudenkorennot ja vesimittarit vilahtelevat
				iso hauki pysyy piilossa

poimin kourallisen juolukoita metsän reunasta
kierrän niemen		lahden pohjukassa
			odottaa yllätys
		ryhmä keltaisia kukkia
				kuin satujen prinsessat juhlamekoissaan

tihenevä ruovikko, paljaat varpaat
		estävät etenemisen		eivät lumousta

en koskaan kaivannut seuraavan niemen taa

SAVIKIEKKOJA

Dolores tanssii valssia
Lännen lokarin kanssa kunnes
Punertaa marjat pihlajain ja
saadaan Kuuliaiset Kottilassa vauhtiin

savikiekko pyörii huojuu hiukan
pyörii niin kauan kuin vetoa riittää

ja päässä pyörii
nuo suuren maailman ihmeet

parasta on kuitenkin *Vain merimies voi tietää* ja
Tapio Rautavaaran tumma ääni

kotijärven aallokko
rantakoivujen humina

PUNAISET RAIDAT

punaiset raidat vanhaa mekkoa
            harmaat isän takista
harja liikkuu pitkin mattoa
        edes takaisin ylös alas
                pyörähtelee välillä

mäntysuopa vaahtoaa
        pesijän sormet kurttuiset
liukkailla kivillä paljaat varpaat

aurinko kuumottaa hartioita
                kimaltaa laineilla mutta
                laiturin alla vesi on tummaa

vastarannalla raskaita pilviä
        ulappa kantaa kaukaista jyrinää

naapurin pojilla sukelluskilpailu

                voittaisin joka ikisen

SOUTAJA

kun kaislojen rahina ahdistaa
veneen laidat valittaa
anna airojen levätä

        kuka laskee kuikan huudot ja silkkiuikun poikaset
        mistä tiedät ettei
                loputonta ruovikkoa tarvitse pelätä
        mistä tiedät ettei
                aurinko erehdy suunnasta

saaressa salainen paikka
        unet nuotiotulista ja sateesta teltan kattoon
        ehkä saniaisten tuoksu ja
        osmankäämien takana
                ruokokerttusen laverrus

KIVIÄ JÄRVESSÄ

Viileä rantavesi
                varpaiden alla hiekkaa
        huomenna ehkä kiviä
tuuli ohjaa   aaltojen suuntaa   voimaa
        kivet ja hiekka tottelee
                eikä vesi mieti ei mutise

***

Kun kahlaa syvemmälle
                jalat tuntevat pehmeän ruohon
        kiviä siellä täällä
                        pysyvätkö paikoillaan
                siirteleekö pohjavirta
                                entä veden väki
                vajoavatko mutaan
                        peittääkö järvisammal

***

Voivatko karit siirtyä
        murentua   kulua
lapsena pelkäsin törmäystä
                karahdusta veneen kokkaan

***

Aurinko ei pohjan mudasta tiedä mutta
lämmittää rannan kivet ja hiekan

ja järven tyynen pinnan
tuulen nukkuessa

VARJOJA

järven pohjassa ihmishahmoja
            aaltoihin hukkuneita
    vai varjoja
            aikojen alusta selällä kulkeneiden
    lepäävät vaiti omassa unessaan

mihin asti uskallan uida   etten koskettaisi
kalat katsovat ohitse
            ahvenvita huojuu   aavistaa

EKSYNYT

mustikkametsä   mesimarjahaka
        mättäiden piilossa salaiset pelot
            tuulen kihinä korvissa

        kartta polttaa suunnistajan sormia
            on vaikeaa löytää polku
            jota käärmeet eivät tunne

kiertotie vie harhatielle
        lopulta outoon poukamaan
            vesirajassa vaahtoa ja järviruohoa
                maatuvia kaislanippuja
            kuolleen kalan hopeinen kylki

KOHTAAMISIA

näkki istuu karilla
kaislaseppel päässään
nauraa partahaiventensa takaa
kieputtaa näkymätöntä siimaa

yrittää pyydystää auringon
valtakuntaansa päiväksi

JÄRVEN UNI

Aaltojen painolla ei merkitystä
            matkan päänä yhteinen sameus
        haaveet kuplivat kiiskien kidoissa

Pohjan kivet liikkuvat vaiti
        järviruohoilla hidas valssi
                    hauella verkkaiset vaihdot
            yhteiset askeleet mudassa kiinni

Epä-toden-näköisyys hiipii unen liitoksiin

Uskotko universumin järjestykseen

KAISLIKOSSA

vaahtopäät etenevät mistään piittaamatta
ryskyvät veneen laitoja vasten

***

kohta kaislat kuiskivat ympärillä
        puhurit jäävät taakse
        aaltojen voihke, lokkien varoitushuudot ohenevat
mitä syvemmälle kaislikkoon liu'ut
        sitä helpompaa on jättää entinen

***

keräät ääniä   talletat airojen natinan
        lentoon pyrähtävän linnun siipikahahdukset
kalojen ja vesimyyrän molskahtelun
        hyönteisten sirityksen
        kaislojen yllä päivystävän tiiran

lopulta   alat laulaa   laulat kuin henkesi edestä

***

pelkäätkö tumman veden sala-asujia
        järvihaltiaa, leväkutrit käärmeinä kieppuen
pelkäätkö että jäät kiinni   ettet löydä pois
        juutut kaislojen helmaan
        airot katkeavat   vene vuotaa
                                            vajoaa

        ***

lepää hetki
                ehkä näet unta

KALLIOKARILLA

kallioisella karilla   keskellä vaahtopäitä
        tuntematon olento
                    kuin vanhalla mykkäfilmillä
            tanssii, itkee ja nauraa
viimein istuu viereen   kuiskuttelee korvaan
            vihjaa sukulaisuuteen
kohta kerrot tarinasi
        tunnustat salaisuudet
nekin mille et ennen ole löytänyt sanoja

***

istutte yhdessä pitkään
kunnes kajo katoaa
        etäisten saarten taa
kuu kapenee kalpeaksi
        häviää pilvivarjoon
                ja joku jossain laulaa
        teidät haikeiden muistojen uneen

***

aamutaivas punertaa   kämmenelläsi
tunnet hennon siipisulan ja lämpimän linnunmunan
                täynnä pilkkuja uuteen alkuun

VIEKÄÄ MINUT

Älkää katsoko minua noin

       se on totta

Sain alkuni kallioisten saarten välissä

       missä vihreä vesi muuttuu valkeaksi kuohuksi

       hajoaa tuulipyörteisiin

Olin vaahtoa ja tyrskettä, sukua vedelle ja ilmalle

       tunsin kaikki pintojen alla ja yllä

En tiedä miksi jouduin tänne

       kivisen metsän kerrostumiin

       kuhisevien muurahaisten ja

       kiihkeäsilmäisten susiolentojen joukkoon

missä väärät valot ilkkuvat loputtomilla käytävillä

missä tuuli ujeltaa vierain soinnuin

       ***

Unitilassa veden ruohot ojentavat vanojaan

       kuun siltojen kulkijat välkkyvät kohti

          hohkaan kuumaa kylmää, en saa kiinni

Älkää antako minulle nimeä

       leimat jäävät kipuna ja epävarmuutena

       viekää minut takaisin

SATU

kurpitsavaunu juuttunut portin pieleen
              ajuri sikiunessa
hevoset päät riipuksissa   liikkumatta

polulla luuta   pitkin pituuttaan
sisällä mekko   repaleina lattialla
        hiiret nurkassa hännät hämillään
              itku kuivana kurkussa

linnassa prinssi   jähmettynyt portaisiin
        lasikenkä kädessään
lasinsirut rappusilla
        säröinen korko vierinyt alas
yön äänet ilkkuvat puiston puissa

              ***

valkea ratsu vei toiseen satuun
        kavioiden kapse kaikonnut

AVARUUSROMANSSI

Olen kaukaisen planeetan prinsessa
        hän prinssi toiselta tähdeltä
kohtasimme kun poimut värähti
                tähtien sumujen katveessa

Ei lempemme ole tähdenlento
        vaikka tiheytensä on outo
        ja minulla pimeät pilkkuni sillä
tähtisieluimme säteissä
                spektrimme ovat yhtä

Uhmasimme aikaa   vaan kerran
        hän ei tullutkaan
                ei tullut enää koskaan

Olin pudota mustaan aukkoon
        mutta liukastuin rajapintaan
                ja leijuin takaisin

Minut valtasi suhteellisuus ja
        jatkoin jakautuneena
eikä kukaan saanut tietää
        ettei ytimeni koskaan
                palannut ennalleen

KIVINEN MIES

I   *Kivinen mies kohtaa metsässä Ihmisen*

Kivinen mies on väsynyt, väsynyt viisauteen.
Suuret ajatukset pakottavat päätä.
Kevätaurinko kuumottaa, heikentää loogisia rakenteita.

Hupsut valkovuokot nousevat maasta – aina uudelleen –
tyhmän uteliaina. Joka vuosi sama juttu.
Puissa hiirenkorvat (nimikin älytön) kihisevät uutta alkuaan,
tyhjänpäiväistä puhetta aamusta iltaan.

Ihmisolio istuu kaatuneella kelopuulla. Katselee kaula kenossa
ylöspäin – kuin näkisi vihreiden latvojen reunustaman sinisen
yläpuolen ensimmäistä kertaa.
Vanha, kohta häviämässä, ei mitään perspektiiviä.

***

Kivisen miehen ulkokuori on kärsinyt,
hattu alkanut liuskoittua, väriliitua kyljessä,
mutta sillä on perspektiivi aikaan.

II   *Myöhemmin Ihminen pohtii*

Jos näkisin kivisen miehen nousevan naavaisen kuusen
katveesta ja kuulisin graniittijäsenten rusahtavan paikoilleen,
miettisinkö, miten sille käy kuolevaisten joukossa?

Kun näen valkovuokon kyynelehtivän kuin paraskin
tragedienne ja kuulen tuomen kaihoavan kadonnutta tuoksuaan,
mietinkö, onko parempi syntyä aina uudelleen?

Ja mitä minä teen täällä murhesuoran maassa muuta
kuin katselen sinistä taivasta kesäkuun vihreyden lomasta
ja annan kiviselle miehelle askelasteikon ja lupposoinnut.

III   *Kivinen mies korjaa väärinkäsityksiä*

Ihmisolio luulee ymmärtävänsä muita ja olevansa ylimpänä.

On silkka sattuma, että muistutan miesoliota. Tarkkaan ottaen
olen epäorgaanista seosmateriaalia, muodostun mineraaleista.
En häviä koskaan. Minut voidaan halkaista, murskata,
mutten maadu enkä muutu tuhkaksi – kuten eräät.

Muuten – ihmisasteikko on kivijärjen vastainen,
ja lupposointuja se tarvitsee itse.

KÄVELEN PUUTARHASSA

onko parempi
kylvää kitkeä kastella
kuin niityllä kuljeksia

YÖ MÖKILLÄ

Pöydällä mansikkakulho, kärpäslätkä, postikortti, lasi
(kärpäset päästetään päiviltä
        ampiaiset saatetaan ulos)

Ikääntyneen pandanallen repaleiset kasvot
        katsovat kun
                levottomat jalat tanssivat
                hiuksissa unen suortuvat

                        pyörin pyörin yötä pitkin
                        tavoittelen kuunsiltaa

                pinta ehjä sisäpuoli rapistunut
                        värisee paikattu sydän

Koillistuulta kaksi metriä sekunnissa
        kärpänen piiloutuu verhon taa
        ampiaisen purema kuumottaa

Lentokone vilkkuu öisellä taivaalla
        kuunsirppi kulkee kiirettä vailla

                tuuli odottaa uutta aamua

LOMAPAIKKA

oma lomapaikka
        ei töitä, harrastusta vaan
mistä hiki, kipeät jäsenet, hyttysenpuremat, naarmut
ihanaa mökkiaikaa!

        osa kivikosta kukkii

        ***

mehiläiset pyörivät nauhusten kukinnoissa
neito ja amiraali tanssivat punahatuilla

        ***

leikkaan ruusujen kuihtuneita kukkia
autan köynnöksiä kiipeämään
en ajattele mitään

        ***

kiinankeltakärhö kuiskii
kesän lopulla loistan keltaisena ja hopeisena
avaan uusia kukkia
ruokin siemeniä haituvapalloissa
olet varmaan kuullut sanan multitasking

***

angervoaita koreilee syysmekossaan
mustarastas hyppii marjapensaiden välissä

***

viimeinen ruusu hehkuu tukiristikon yllä
kurkiaurat kirjovat taivaankantta

portti narahtaa

OIKEA HETKI

marjatuomipihlaja on täynnä valkoisia kukkia
	kun seuraavan kerran tulen mökille
		ne ovat varisseet maahan

kesällä marjat alkavat kypsyä
	kun seuraavan kerran tulen mökille
		linnut ovat ahmineet kaikki
		(ja koristelleet ulkokalusteet)

jos en tänään ota lauseita kiinni
	niin huomenna on jäljellä
		vain välimerkit

MYYRÄJUTTU

myyrä ei anele armoa
      loukku ei anna aikaa
kaikki käy siististi veri ei roisku

sadussa voisin sen turkkia silittää
haikean kyyneleen pyyhkiä pois

nyt vain pudotan roskapussiin
      ja loukku saa uuden syötin

minun kasveihini ette koske

KÄVELEN PUUTARHASSA AIKAISIN AAMULLA

Loppukesän kaste viipyy kukkien terälehdillä
        myöhäisillä ruusunnupuilla, ruohonkorsissa
        portin päälläkin
Aurinko kimaltaa hämähäkinseittien hennoissa säikeissä
                        koristeomenapuun oksistossa
hyväilee kärhöjen viimeisiä kukkia ja siemenhaituvapalloja

Hengitän heräävää päivää ja kätken
        tämän runsauden
                tämän keveyden

***

Kun tulevina kesäaamuina
        herään betonitalossa ja katson ikkunasta
        miten aurinko nousee puiden takaa
                värjää taivaanrannan
                viipyy hetken vaatekaapin ovella

havahdunko silloin ja muistan

LEHTIKUUSI, YSTÄVÄNI

keltainen neulaspukusi
        vivahtaa vielä paikoin vihreään
katselen lävitsesi
            lokakuun siniharmaata taivasta
ihailen mustanruskeita käpyjä
            jotka koristavat oksiasi
        katseet ylöspäin kuin imisivät
            viimeisiä päivänsäteitä
                talviuniensa peitteeksi

silitän varovasti
        harmaanvihreitä jäkäläruusukkeita
voi te urhoolliset kävyt
        sulkekaa silmät talvilepoon

keväällä saatamme taas vaihtaa
                kuulumisia

MARRASPALETTI

(maitohorsmia)

korkeat korret
        ruskeita kiharoita
        valkeita tupsukoita
kävelytien reunassa
        paljon enemmän kuin kesällä

(hulevettä)

harmaanakin päivänä
        taivas peilautuu
        ihmisen rakentamassa uomassa

pensaiden tummat rangat heijastuvat
        vihreiden levämattojen ja
        arkojen sadepisaroiden leikkiin

                              (kääpä)

mänty   ylhäältä kelo
        kyljessä kääpä   keltainen
                         enemmän kaunis kuin ruma

        koristeina pihlajan lehdykkä, kaksi neulasta
        reunoilla pisaroita
                 ilon vaiko surun

MAAGISELLA NIITYLLÄ

karhunputkien kruunut
        kohoavat valloittajina niityn keskellä
                kevään pulleat nuput valmiina avautumaan
                kesän tuoksuva valkoinen vaahtomeri
                        hyönteisten surina
                        perhosten tanssi
                syksyn ylväiden yksilöiden erottuvat hahmot
                        siementen rapina
                talven lumihuput kuihtuneilla kukinnoilla

                ***

auringon paiste kaiken yllä
        kevään lupauksina
                kesän kuumina henkäilyinä
                        syksyn viipyilevinä hyvästeinä

                ***

myrsky riepottaa
                viistää raivokkaasti
                pyyhkii hennot varret kaiken mikä taipuu
        ukkosen pauhu salamoiden säihke hetken pimeys
                lopulta   ajaton tyyneys

                ***

illan varjojen vaellus
        auringon viimeiset väistyvät viestit
                hämäryyden hiljainen tihennys
        kuun alkava kajo

        ***

yön viileyden väreilevät siiveniskut
        sumun kostea himerrys
                utuisuuden hiljaiset kareet
                tummenneet katveikot
        niityn tuutulaulut

NAAKKA NAURAA

kuiskaan tämän niin hiljaa
ettei mikään linkkitorni saa kiinni

SALAISUUS

Kauan sitten minulla oli salaisuus
pidin sitä piilossa suuressa metsässä
        tiheän kuusikon hämyssä

Se oli hankala
        väisteli katsetta   luiskahteli käsistä
                muutti muotoaan
lopulta päätin haudata sen
                        ja unohtaa

Kaivoin kuopan kuusen alle
        sulloin sinne   peitin maalla, neulasilla
        lähdin etsimään painoa

Kun palasin   isoa kiveä pyörittäen
                        se peijooni oli kaivautunut esiin
        kiipesi karike pöllyten kuusen latvusta kohti

huusi korkealta näkymättömistä
                        ettei kestä pimeyttä

VIISAAT

Ulkona yön lätäköissä
		välähtävät mustien mersujen valot

Me osaamme keskustella mutkikkaista asioista
		emme kompastu triviaaliin
	sanamme nousevat ajan hengen arkusta
		sakenevat salin kattoon
		välkkyvät kristallikruunujen prismoissa

Pikkuruiset itsemme paisuvat tyytyväisyydestä
		saumat repeilevät katseilta salassa
			syrjäkareet vilahtavat silmänliikkeissä
		ontot olot kutistuvat hetkisiksi

Oi jospa tuo kestäisi mutta
valot alkavat säpsähdellä
		sanat oheta		naurut pätkiä
			tauot levittyä varpusparvina

Lopulta sali viilenee
		taksit kaartavat ovelle
			kutistumme hihoihin ja huppuihin

HUIJARI

Tehdassaleja   kaapelikeloja
toimistokorttelin sokkeloisia käytäviä
                kerrokset huoneet toistensa kaltaisia
        vastaantulijat kuin varjoja

Korkean huoneen hämärässä
        valo siivilöityy suippokärkisestä ikkunasta
                nurkassa iso palmu
        seinän vieressä kookkaita mahonkikaappeja
                täynnä vaatteita   minun tai jonkun muun

Toimistohuoneen pöydällä
        outoja tietokoneita   en muista salasanoja
        entisaikojen puhelin   sormet eivät tottele
                laatikoissa paperipinoja
                alimmassa leipiä ja pullia pusseissa
                        kuivia muttei homeisia

Saan sekä palkkaa että eläkettä
        pitäisi irtisanoutua
                jäädä oikeasti eläkkeelle
        en löydä esimiestäni
                                olen huijari

VAIHTOPÄÄ

Pään vaihtaminen ei ole pikkujuttu.

Ensin on löydettävä luovuttaja. Hyvännäköisten kloonattujen
päiden markkinoistakin on liikkeellä huhuja.

Sitten pitää tosissaan olla valmis luopumaan omastaan.
Entä jos kukaan ei huoli sitä, mihin se joutuu?
Onko tarpeettomille päille määritelty loppusijoituspaikkaa?

Joka tapauksessa on hyväksyttävä se tosiseikka, että pää määrää
mitä olet. Muu osa eli vartalo (käytän nyt tätä sanaa) on pään
varassa, vaikka liikennettä on kumpaankin suuntaan.

Entä jos uusi pää ei siedäkään raihnaista vartaloasi.
Voit hävitä kaupassa kaiken – sinusta ei jää jäljelle mitään.
Tulitko ajatelleeksi tätä, kun teit vaihtohakemuksen?

PELKISTYNYT

joitakin aikoja sitten   onneton
            huusin keuhkoni pihalle
                        eikä kukaan ottanut koppia
            putosivat kuralätäkköön
            saivat kuumetaudin
                        mutta siitä en tiennyt mitään

olin perhosenkevyinen
                leijuin ulos ikkunasta
                            pakahduin painottomuudesta

                            kunnes
sydän alkoi tuntua raskaalta ja vetää kohti maata

            revin sen esiin   meilasin kierrätysnettiin

                                    juuri kun luulin että
                                    kaikki on hyvin
pää alkoi moitiskella sydämettömyyttäni

            enkä voinut muuta   kuin kiertää sen irti
                jatkaa päättömästi

            en ollut enää mitään
                                    se oli hyvä

NE

ne ostaa minulle kaiken
mitä ikinä haluan
            ei minulta mitään puutu

        on kuukin taivaalta
            jo tulossa postissa

NAAKKA NAURAA

naakka nauraa

kirkonkellon ääni vierii pois
        minne pudotan reppuni

iäkkäät kuuset saisivat surra enemmän
        mutta neulaset vain viheltelevät
                (sateen puutteen kuivaamat
                tuota menoa putoamassa)

naakan siipi viuhahtaa
        kohta istahtaa repulle
        kähisee   sulat täristen

                luulitko että on aika

HMM

kaikki sen täällä tietävät
ei ole juttuihisi uskomista
        yhden kuorrutat vanhoista juoruista
        toisen öisistä painajaisista
        kolmas on valmiina hampaankolossa

        tuloksena sotkuinen soppa

mikä on leikkiä   mikä on totta
        näin mutisi muuan rotta
        joka silmät kiiluen odottaa

seuraavaa roskapussia

ENTÄ JOS

jos tietäisi tarkkaan
mikä kerros on kipua
voisiko sen häätää

YMMÄRRYKSEN REUNALLA

työnsin syrjään valheet
raivasin todeksi mutkat
ei haitannut vaikka lyhty välillä sammui

silti aamuyöllä pelon tunnit
kahmi kaiken hapen

perillä
ymmärryksen reunalla
(kuin mikä tahansa jyrkänne)
istun
heiluttelen jalkojani   rakot kirvelee kantapäitä

laaksossa sumu punertuu
kieppuu pyörteinä
laukkaa pois kuin lämminverinen
kellot kumahtavat vuortenseinämistä
kuin keskellä elokuvaa

***

voisin jäädä tänne
sepittää uudet todet
kaivertaa uudet kuviot

linnut söivät leivänmurusetkin

JOS TIETÄISI

jos tietäisi tarkkaan
          mikä kerros on kipua
voisiko sen häätää
vai mahtuvatko sen saappaat aina oven väliin
          kuluneet saappaat pohjassa reikiä
               kyynelten karata

NAISMUISTIIN

jokainen tajuaa
        milloin epäonniset ihmissuhteet
                        on laulettu puhki

seuraavalla kerralla kirjoita
        huolettomista vuoristopuroista
                kirkkaista häilähteistä
                hilpeästä silosolinasta

        muuttolinnuista, jotka peilaavat
                        höyheniään tyvenissä

vaikka tiedetäänkin
                ettei sellaista ole nähty naismuistiin

kuivia uomia kyllä
liejua ja nokkosia
hylättyjä autonrenkaita

                vuosien tarpeiksi

LUULITKO

luulitko että se tie olisi ollut helppo
        että ryteiköt aukeaisivat
        että kaikki nuo olennot rientäisivät apuun
        kilpaa kompastellen tyhmyrit

kuuntelitko ollenkaan kun sanoin miten
        sininen voittaa aina murretut virheet

        ja aikasi sulaa lopulta tomuksi

KERTOKAA MINULLE

kertokaa minulle
>> mitkä mutkat kulkea
>> mitä kieltä puhua
> mitä väriä käyttää
>> tähän uuteen pintaan

ENTÄ JOS

Entä jos kastemadot   pronssin kiiltävät
          ovatkin palanneet multaan
                    eivätkä halua tulla esiin
          vaikka lempeä syyssade
                    huuhtoo jalkakäytäviä ja nurmikoita

Entä jos liikenteen melut   ovat kiivenneet ylös
                    pitkin kallioseinämiä
          tai uponneet mereen

Entä jos minä   en muista enää yhtään sanaa
          enkä tiedä miten kirjoittaisin
                              seuraavan tarinan

Onko ketään   tai mitään
          joka kertoisi niille
jotka jossain   odottavat vuoroaan

Entä   jos kaikki onkin jo ohi
                    odotamme vain valomerkkiä

VAIN HÄMÄHÄKIT JA RIKOTUT KALLIOT

Auringonvalo, likaisen kellervä
        kurkottaa kalliolle
        ohittaa hiiltyneet rungot, löytää kuivat korret
                siivilöityy hämähäkin seittiin
                aamukasteen pisarat kuin hohtavat helmet
                vai   tuhannet lasinsirpaleet

Kalliosta jäljellä vain kuori
        kauan sitten sisus murskattiin, vietiin pois
        tänään tahmeaa pölyä, ruosteista peltiä täynnä
                iäksi lukittu

Muualla toiset leikattiin halki
        kiviseinät kuin kanjonissa
        tänään viiltojen uurteet rapautuneet
                tuuli kohisee autioilla teillä
                        viitat nurin, suunnat loppu

Kallioiden kaiut sammuneet

                eikä mitään muistaa
                ei ketään odottaa

NÄEN

miten vihreiden kuohujen seasta
nostaa päätään Leppymättömyys
          miten riepottaa pisarat hiuksistaan
          miten kiehuttaa kitkerää mieltään
          eikä koskaan anna anteeksi
                    ajan rajoja hamuaa

miten synkkien vuorten takaa
nostaa päätään Kosto
          miten syöksee tulta kuin lohikäärme
          miten kulkee lieskoina rätisten
                    eikä rajat merkitse mitään

eivät koskaan saa tarpeekseen

miten liittyvät yhteen Leppymättömyys ja Kosto
          miten riehuvat kipinöinä
          miten vyöryvät tyrskyinä
          miten polttavat karrelle kaiken
          miten nostavat meret tuhkan päälle
          miten kaikki mitä tiedämme tuhoutuu
                    vielä liekit sulattavat pilvet
                    vielä tulvat huuhtovat tähdet
                    ja aurinko haalenee

eivät koskaan saa tarpeekseen

jäävät kiertämään äärettömyyttä
        sietämään toinen toistaan
        turhaan hakemaan tyydytystä

***

ehkä joskus aukeaa aika
jolloin Anteeksianto ja Unohdus
        astuvat esiin ikuisuuden takaa
        ylittävät tuhkan ja kuohujen kierteet

                järjestävät maan ja meren
                palauttavat taivaankannen
                puhaltavat uuden ilman
                kylvävät uudet siemenet

ehkä joskus

SIIVET

jos tämä onkin satua tai unta
vuodet kuluneet, kaikki jo ohi
se oli paljon muuta mitä odotin

EI PIMEYTTÄ

et ollut enää runotyttö
olit elämän arjessa kiinni
        etkä muusta tiennyt

ei se ollut pimeyttä
        se oli jotain raskasta
        väritön tyhjyys horisonttia vailla

                hetken vilahdus toisenlaisesta
                ruokatunnilla kahvilan takahuoneessa
                Tuomiokirkon rappujen suojassa
                ja Kruunuhaan porttigongissa
                        vaan pieni maailmanne
                        ei mahtunut minnekään
                ohut kupla särkyi
                kuin olisi kelattu
                                aikaan ennen

taas kävelit Kaivokadulla
        et kuullut liikenteen melua
        et tuntenut kevättuulta
                vain kadun aaltoilun

        eikä sisimpääsi nähnyt kukaan

ei se ollut pimeyttä

YKSI SÄVEL

yksi sävel
    jäänyt soimaan

yksi ääni
    pitkittynyt tauko   tyhjä sivu
    auringon hehku   lämmittää muita
        minä olen jäätä

    eilinen ohi   *huominen karannut*
        hän   *katsoo poispäin*

yksi ääni
    leijun avaruudessa
        vailla kiintopistettä

                        mustan ja risaisen
    tyhjän päällä

enkä tiedä

MARRASHUOKAUS

aurinko lähti
        päiviä sitten   viikkoja sitten
                pilvet roikkuvat harmaata täynnä

alakulo kantapäillä

mutta ennen kuin sinä lähdet
        anna haravani ja oksasakseni takaisin
        anna kevyet polkimet

                vaikkei enää koskaan kuin ennen

EILEN POLKU

eilen polku
        tänään takkuinen tiheikkö
eilen lamput kaartuivat polun yllä
        tänään varjojen tiheät katveet

tuuli puuskii riitaista kieltä
      lintujen äänet   leikkaavat pimeää
      huutoni hukkuu pelon värinään

kadonnut tie   vai
     väärä aika   väärä paikka
   en ymmärrä

      eikä huominen vastaa

VALON PUOLELLA

huone täynnä uurteista hämärää
        syli vaiti   merkitystä vailla
                harteilla ikävä
                        unen muruset silmäluomilla

valo on jäänyt
        varjojen tuolle puolen, missä
                        iltapäivän aurinko
        viipyy unohdetun polkupyörän ympärillä

jos pääsen vapaaksi   voinko lähteä
tuntea auringon selässäni
                antaa vauhdin silittää ikävän
polkea, polkea eteenpäin
                poikki vesilätäköiden
                        läpi tuulenpuuskien

jos löydän uuden paikan, voinko aloittaa alusta
                keveänä   sileänä
                        valon puolella

VAPAUS

mäen pimeällä puolella
        kaipauksen lapset karkasivat
            luikertelivat jaloissa
            kuin pienet käärmeen poikaset

                kunnes kivien kolot imaisivat

huokaisin helpotuksesta
itkin ikävästä

valo polttaa silmiä toisella puolella

VÄLÄHDYKSIÄ

aamujen iltojen pimeys
                räntäsade pysäkeillä

      käytävän varrella huoneissa
         keinovalojen pelkistys

samoja päiviä aika täynnä

EN PELKÄÄ

kun hiekka loppuu
        rannan kivet jättävät
        alkaa ruohomatto, pehmeä
                piilossa pienet kotilot ja iilimatolapset

kun ahvenvita kiertyy jalkoihin
                vie mukaan tanssiin
                aaltokainaloon
        saarten lomitse   karit kiertäen
                kuin uisi unessa   tai
                        lentäisi taivaalla

kun iltapäivä väsyttää   päästän irti
        kellun   seuraan pilviä
                        silmissä raukeus

        en pelkää
                en näkkiä   en ukkosta
                        en huomista

SIIVET

vaatekaapin perällä hapertuneet siivet
        ohuet kuin kellastuneet perintöviuhkat
        ehkä koinsyömätkin

                        aika kiiruhtaa
                        lisää vauhtia
                        ei vilkuile alas, ei sivuille

ratas liikahtaa
        siivet hajoavat tomuksi joka
        kohoaa puiden latvuksiin
                lintujen lentokaariin
                        kietoutuu alimpiin pilvihöytyviin

annan niiden mennä
        unissa uusia tunteita
        tuntemattomia polkuja   kiehtovia käänteitä
                nuo hilpeät oliot
                        viittovat vierailla merkeillä

katson pilviin, kuiskaan että palautan lainan
        (jos vielä saatte ne kuntoon
                ehkä joku...)

                ja aika   *kiertyisi alkuun*

Kiitän

Tommi Parkkoa, jonka asiantuntevassa ohjauksessa tämä kirja
löysi rakenteensa ja sisältönsä

Aira Saloniemeä, jonka pätevät kommentit auttoivat sekä
ulkoasun että sisällön viimeistelyssä.

Karia, joka on aina valmis keskustelemaan ja kommentoimaan
– oli sitten runon ensimmäinen tai kymmenes versio.